SERGIO DE PAOLA

77 MODI IN CUI INQUINI IL MONDO

(SENZA SAPERLO)

Un grazie speciale al mio caro amico Elia Colombo per la fantastica illustrazione di copertina.

In ultimo, ma non certo per importanza, volevo ringraziare mia moglie. Senza il suo supporto questo libro non avrebbe mai visto la luce.

Indice

Introduzione

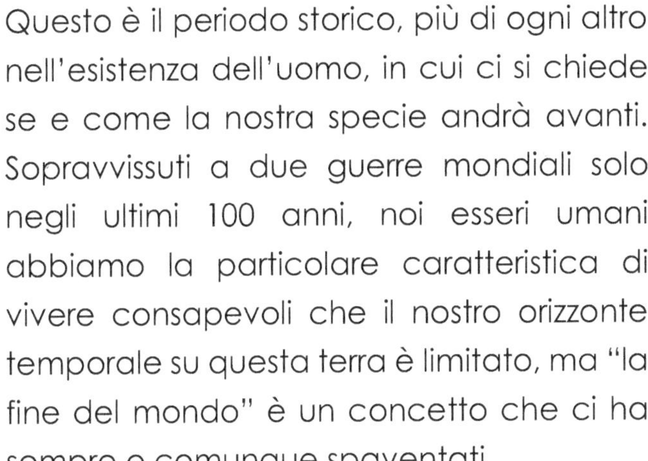

Questo è il periodo storico, più di ogni altro nell'esistenza dell'uomo, in cui ci si chiede se e come la nostra specie andrà avanti. Sopravvissuti a due guerre mondiali solo negli ultimi 100 anni, noi esseri umani abbiamo la particolare caratteristica di vivere consapevoli che il nostro orizzonte temporale su questa terra è limitato, ma "la fine del mondo" è un concetto che ci ha sempre e comunque spaventati.

Ad oggi il rischio maggiore non è dato come si possa pensare dalle guerre o dalle pandemie, bensì dall'inquinamento ambientale!

In primis quello dell'aria che, oltre a causare svariate patologie fisiche con conseguenze potenzialmente fatali, partecipa in modo importante al surriscaldamento globale.

Ormai quotidianamente le news a riguardo si sprecano e descrivono una situazione sull'orlo del precipizio, ma è come se in fondo in fondo non ci credessimo davvero, o pensassimo di avere davanti ancora tanto tempo prima che qualcosa di irreparabile accada. Invece il processo di cambiamento è veloce, e imminente.

Il punto di non ritorno si suppone sarà il 2050, ma i più catastrofisti ipotizzano addirittura già il 2030. Per quella data forse potremmo aver surriscaldato la calotta del nostro pianeta oltre la soglia di sicurezza accettabile, 1.5 C°, per arrivare oltre i 2 C°, con conseguenze tremende per gran parte della popolazione mondiale.

Già oggi abbiamo dati certi: ai Poli, per esempio, la temperatura è cresciuta esponenzialmente, spingendosi fino a registrare +4/5 C° su scala annuale rispetto al secolo precedente.

William Nordhaus, economista premio Nobel nel 2018, è stato il primo a parlare di questa soglia di non ritorno in uno studio di oltre 30 anni fa. Era infatti il 1975 quando affermava che *"se avessimo una temperatura globale superiore di 2 o 3°C rispetto a quella attuale media, ciò porterebbe il clima al di fuori della serie di osservazioni che sono state fatte nel corso delle ultime centinaia di migliaia di anni"*.

Successivamente sia l'Ue nel 1996 che i vari protocolli da Kyoto a Parigi hanno confermato che esiste appunto una soglia da non sorpassare. I ricercatori del Climate Analytics hanno cercato di fare chiarezza riguardo questa soglia, decretando che il limite massimo è da 1.5 C° a 2C°in più dell'era pre-industriale di cui parlavamo sopra.

Hanno anche ipotizzato lo scenario a cui si andrà incontro se non si cambieranno immediatamente abitudini, affermando che il superamento di questo numero infatti porterebbe a un vero e proprio passaggio *"da eventi che sono al limite dell'attuale variabilità naturale ad un regime climatico totalmente nuovo".*

Andando nello specifico si tratterebbe di periodi di siccità diffusa causata da una massiccia diminuzione della disponibilità idrica, anche del Mediterraneo stesso.

L'agricoltura, come approfondiremo in tanti dei 77 punti analizzati in questo libro, che oggi contribuisce purtroppo a circa la metà delle emissioni globali di CO_2, sarà una delle realtà a pagare il pegno maggiore in questo scenario. Aumento della temperatura uguale meno raccolto di ogni tipo: dal grano, alla soia, al riso e al mais.

A fronte di tutte queste informazioni non si può non chiedersi se e in quale misura siamo anche noi stessi complici di tutto questo. Abbiamo quindi deciso di approfondire la questione e di scavare più a fondo per cercare le risposte di cui avevamo bisogno e vi assicuro che nel marasma di notizie e bugie che si trovano online non è stato per nulla facile districarsi.

L'idea che le nostre stesse abitudini che riteniamo "normali" possano impattare così gravemente sull'ambiente rimane difficile da credere.

Nonostante la cura coscienziosa che possiamo mettere nella raccolta differenziata, l'impegno nell'acquistare prodotti di stagione e se possibile a km zero, la scelta di usare meno possibile l'auto e così via qualcosa ci sfugge comunque. Questi accorgimenti sono un primo passo, è vero, ma non sono sufficienti purtroppo.

E cosi ci siamo lanciati in un'estenuante e sorprendente ricerca, per fare luce su quanto il nostro stile di vita influenzi la salute del pianeta intero. E' stato un viaggio doloroso perché, amando la nostra terra, la bellezza di ogni specie animale, delle albe e dei tramonti, il pensiero di contribuire alla distruzione di tutto questo senza nemmeno rendercene conto ci ha davvero provati emotivamente.

La nostra civiltà ha improntato la propria esistenza sul raggiungimento del godimento a fronte del minimo sforzo possibile e come vedrete questo stile di vita porta ad azioni dannose e gravi ma che possono facilmente essere cambiate e corrette, basta avere la volontà di farlo rinunciando a qualche piccola e superflua "comodità".

Consci del fatto che siamo arrivati a questo punto critico per colpa di "tutti", si parla ancora troppo poco del nesso che c'è tra ogni nostra attività quotidiana e l'inquinamento. I numeri sono disarmanti.

Gli australiani sono i primi inquinatori al mondo con 30 tonnellate di CO2 all'anno per persona, seguiti dai nordamericani (28). Noi europei siamo più morigerati, producendone decisamente meno: 15 tonnellate per ogni cittadino, mentre molto più green, inaspettatamente, sono i cinesi con solo 3,3 tonnellate prodotte. La media mondiale si attesta quindi a circa 7 tonnellate di CO2 all'anno a persona (fonte 9).

Ovviamente la produciamo in modo quasi del tutto inconsapevole, ma è il momento di realizzare che ogni nostra azione ha una conseguenza in questa direzione e nessuno può ritenersi escluso. È una questione globale che riguarda tutti noi!

Noi che facciamo parte dell'1% della popolazione che vive in abitazioni riscaldate in inverno e rinfrescate d'estate. Noi che andiamo a far la spesa in centri commerciali dove ogni prodotto è stato portato lì con navi, camion e aerei e che per arrivarci usiamo un'auto o un mezzo inquinante, anche se elettrico (ebbene sì l'elettrico inquina perché la maggior parte dell'energia impiegata non arriva da fonti rinnovabili).

Noi che inseguiamo sempre l'ultima tendenza nella moda, acquistando prodotti di aziende fast fashion che lanciano 52 collezioni diverse ogni anno, praticamente una alla settimana, per farci sentire appagati e accettati, senza chiederci nulla sull'origine dei capi che compriamo o sulle dinamiche che sottostanno alla loro produzione.

Non ci rendiamo conto che ogni prodotto di una catena fast fashion o di grandi brand del mercato globale tendenzialmente è creato dall'altra parte del mondo rispetto all'Italia e per questo viaggia su navi container altamente inquinanti per arrivare fino a noi. Ogni capo è prodotto con fibre sintetiche e trattato con prodotti chimici e una volta in lavatrice inquinerà i mari senza che nemmeno ce ne accorgiamo.

Noi che usiamo prodotti beauty e creme solari che contengono metalli pesanti e che una volta lavati via dal nostro viso e dal corpo finiranno direttamente in mare, intossicando le specie che lo abitano.

Noi che guardiamo tutto in streaming e che navighiamo su internet fino a 6 ore al giorno o più. (Sì, sembra strano ma anche internet inquina, e non poco).

Questo libro non vuole essere una mera ed aspra critica alla nostra civiltà né a noi comuni mortali che inconsapevolmente abbiamo vissuto come sapevamo fare, senza renderci conto degli errori che stavamo compiendo.

È importante non cadere nel fanatismo e non odiare chi per mille ragioni non sa o non è in grado di cambiare le proprie abitudini. Ma ci si deve porre delle domande, è arrivato il momento di mettersi in gioco.

Il nostro obiettivo è quello di dare a ciascuno uno strumento in più per aprire gli occhi e per iniziare a compiere qualche piccolo gesto quotidiano poiché facciamo tutti parte dello stesso mondo e insieme possiamo attuare una vera rivoluzione ambientale.

Siamo diventati schiavi dei servizi e delle comodità e non ci siamo resi conto che lentamente ci stavamo totalmente allontanando dalla natura, dai suoi equilibri, dalle sue priorità e dalle sue regole, mancandole di rispetto e dandola per scontata. La Terra va amata e aiutata ora che ha bisogno di noi.

Quello che questo libro cerca di trasferire è CONSAPEVOLEZZA, vuole accendere una luce sull'importanza di ogni nostro gesto che crediamo innocuo ma che non lo è. La consapevolezza che non c'è un piano b, non c'è un pianeta b e nessuno può cambiare le cose per noi. Le nostre abitudini saranno sempre preponderanti in

questa lotta contro il tempo e per nostre intendo quelle di ognuno.

Solo essendo tutti consapevoli di quello che siamo oggi e di quello che le nostre azioni producono di conseguenza potremmo davvero pensare di "salvare il mondo".

I

ONLINE

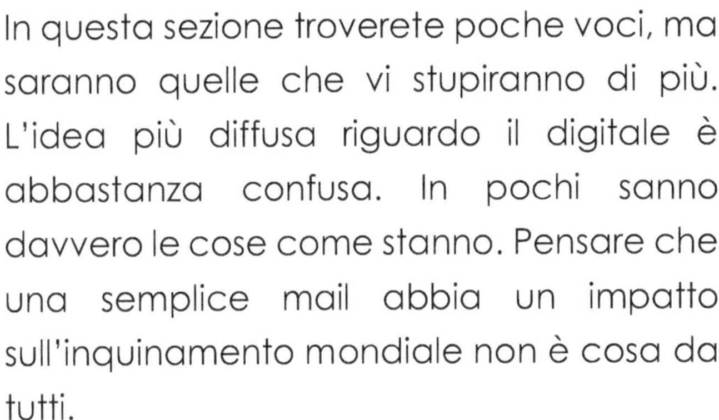

In questa sezione troverete poche voci, ma saranno quelle che vi stupiranno di più. L'idea più diffusa riguardo il digitale è abbastanza confusa. In pochi sanno davvero le cose come stanno. Pensare che una semplice mail abbia un impatto sull'inquinamento mondiale non è cosa da tutti.

Il problema sta sempre nel numero totale di azioni che si fanno, non è necessario eliminare del tutto qualcosa, basta cercare di dare peso alle azioni e se "nocive" compierle solo quando strettamente necessarie.

Comunica sempre con coscienza!

1.

Una sola e-mail da 1 megabyte arriva ad emettere fino a 19 grammi di CO_2. Ogni giorno si stima che il totale di e-mail inviate ammonti a 190 miliardi, di cui l'80% SPAM.

2.

Il 4% delle emissioni globali è frutto della tecnologia digitale, solo nel 2018 guardare video in streaming ha prodotto 306 milioni di tonnellate di CO_2, pari all'intera emissione della Spagna.

3.

Un qualsiasi account di posta Gmail consuma in media 2,2 kWh all'anno, producendo circa 1,2 kg di CO_2.

4.

Anche il solo essere connessi ad internet per 15 minuti al giorno produce circa 7 grammi di CO_2.

II

IN MOBILITA'

Nell'ambito mobilità, visto il martellamento degli ultimi anni, dovremmo essere tutti abbastanza coscienti dei pericoli per l'ambiente. In realtà però, leggendo i prossimi dati, vi accorgerete che tante cose erano sfuggite alla vostra analisi.

Per esempio: quanto inquinano gli aerei rispetto alle automobili? E per quanto riguarda il tanto inflazionato discorso sull'energia elettrica, è davvero possibile chiamarla "energia pulita"?

Abbiamo messo un focus importante su questo argomento, ma non vogliamo anticiparvi nulla: troverete tutte le specifiche nel capitolo IX.

5. Studi scientifici internazionali hanno recentemente messo in luce come il sistema frenante (disco freno-pastiglia) e gli pneumatici delle auto, se usurati, contribuiscano considerevolmente all'inquinamento atmosferico da polveri sottili.

Ma se i gas emessi dal tubo di scappamento delle automobili sono sotto stretta osservazione grazie alle nuove direttive europee, ben poco ancora si sa delle responsabilità nell'inquinamento legate all'usura di pneumatici e freni. Attualmente infatti non esistono standard o direttive comunitarie sulle emissioni da queste fonti.

6.

Un viaggio in macchina di 500 km con una normale auto diesel che consuma 7litri per 100km produce la mastodontica quantità di 0,09 TONNELLATE di CO_2. Se l'auto è a benzina verde la cifra si alza di un 10% circa.

7.

Un'auto piccola con almeno due passeggeri a bordo inquina per 85 grammi di CO2 al Km mentre un Suv con solo il conducente inquina per 350 grammi al Km. Bella differenza, non credete?

8.

Rispetto all'inquinamento su strada, quello degli aerei è decisamente più preoccupante e significativamente più impattante. Di seguito alcuni consumi medi espressi in kg/ora e calcolati a velocità di crociera di alcuni degli aerei di linea più usati:

- Boeing 737: 2.500kg/h
- Boeing 747: 11.800 kg/h
- Airbus A330: 5.700 kg/h
- Airbus A320: 2.430 kg/h

9.

Tra i mezzi di trasporto collettivo, l'autobus ha avuto la maglia verde come minor impatto sull'ambiente: il consumo di CO2 per persona è di 18 kg. Il calcolo si riferisce ad una stima di 3,5 km/l con una presenza a bordo di 28 passeggeri in un autobus da 50 posti.

III

IN CASA

Alzi una mano chi sa esattamente quanto inquina una lavatrice oppure un condizionatore o anche solo la casa stessa, disperdendo energie importanti se non coibentata a dovere.

Nella nostra vita passiamo quasi la metà del tempo totale delle giornate in casa se comprendiamo anche le ore di sonno.

In quest'ultimo periodo con il dilagare dello "smart work" il trend è anche in aumento. Il problema comunque non è quanto tempo si vive in casa, ma come ci si vive.

Ci sono mille piccole accortezze da poter adottare per porre rimedio.

Nella sezione "tips sempre utili" (che sarà costantemente in aggiornamento), troverete diverse info che vi aiuteranno ad abbattere la vostra "quota domestica" di CO2, alcune volte anche senza cambiare NULLA all'interno della vostra abitazione.

10.

Una casa costruita negli anni 70 e riscaldata a un livello normale, produce un quantitativo di ben 5 tonnellate di CO2 ogni anno. Una casa con certificazione energetica B per esempio ne consuma solo un quinto, lo sapevate?

11.

Una lampadina tradizionale da 60W "brucia" 39 grammi di CO2 all'ora, la sua gemella a risparmio energetico abbassa il valore a soli 7 grammi. All'anno quindi una lampadina a incandescenza consuma 500 kg di CO2, mentre quella a risparmio energetico 90 kg.

12.

Un frigorifero moderno può variare come consumi dai 94 ai 329 chili di CO2 emessi in un solo mese di funzionamento.

13.

Un condizionatore, ormai largamente diffuso in uffici, case ed alberghi, è l'elettrodomestico più inquinante di tutti. Emette dai 520 ai 3250 grammi di CO2 per ora di utilizzo.

14.

Anche la lavastoviglie emette una grande quantità di CO2 (dai 455 ai 1950 grammi) per ora di utilizzo.

15.

Quasi a pari merito con la lavastoviglie troviamo la lavatrice, che emette dai 325 ai 1950 grammi di CO2 per ora di utilizzo.

16.

Un altro elettrodomestico molto presente nelle case è il forno a microonde, che emette dai 455 ai 1365 grammi di CO_2 per ora di utilizzo.

17.

Un piccolo asciugacapelli riesce ad emettere dai 520 ai 1300 grammi di CO_2 per ora di utilizzo.

18.

L'aspirapolvere, anche in tutte le sue nuove e super tecnologiche forme, emette comunque dai 455 ai 1300 grammi di CO_2 per ora di utilizzo.

19.

Immancabile in ogni casa il PC (portatile o fisso) che emette dai 52 ai 234 grammi di CO_2 per ora di utilizzo.

20.

Svago e non solo, il televisore ormai è parte integrante della nostra vita ed è giusto sapere che emette dai 52 ai 195 grammi di CO_2 per ora di utilizzo. La differenza è dovuta alla tecnologia usata dal pannello che riproduce l'immagine, meglio il Led.

21.

La PRODUZIONE di una lavatrice emette nell'atmosfera 315 Kg di CO_2, la stessa quantità che un'automobile emette per fare 2000km.

22.

La PRODUZIONE di una cucina a gas emette nell'atmosfera 170 Kg di CO_2.

IV

NEL TEMPO LIBERO

Se stando in casa siamo costantemente fonte di inquinamento, purtroppo anche uscendo le cose non vanno molto meglio. Ovviamente, non possiamo stare sempre chiusi in casa o sempre in giro, non possiamo rinunciare ai nostri vizi o ai nostri hobbies, ma possiamo viverli in modo consapevole.

Anche come turisti possiamo fare la differenza continuando a goderci la vita ma con un occhio di riguardo per il pianeta.

23.

Una singola notte in un albergo produce in media 25 kg di CO_2 per 2 occupanti in un hotel a 4 stelle.

24.

Le navi da crociera oceaniche producono almeno il 17% delle emissioni globali di ossidi di azoto, contribuendo in modo davvero significativo all'avvelenamento delle città portuali e delle zone costiere.

25.

La visualizzazione annua di video porno inquina quanto inquinano in un anno tutte le famiglie francesi messe insieme (0,2% delle emissioni globali).

26.

Per la produzione di un libro servono circa 28 litri di acqua e si creano 7,5 kg di diossido di carbonio.

27.

La produzione di un passeggino moderno libera nell'atmosfera 68 Kg di CO_2.

28.

Stare un po' su Facebook non ha fatto mai male a nessuno vero? Sbagliato, al nostro ambiente sì. Si stima che all'anno la presenza su questo social media abbia generato circa 13,6 MILIONI di tonnellate di anidride carbonica!

29.

Una semplice partita di calcio in massima Liga riesce ad emettere nell'atmosfera fino a 820 tonnellate di CO2.

30.

Un matrimonio con 100 invitati produce ben 5 tonnellate di CO2, mentre per uno in grande stile (fino a 300 invitati) si arriva ad inquinare oltre le 85 tonnellate.

V

CON LA TECNOLOGIA

La tecnologia: croce e delizia dei nostri tempi. A volte ci salva la vita, accorcia le distanze, ci fa sentire cittadini del mondo, ci consente di lavorare meglio e di fare meno sforzo a compiere tante azioni.

Ormai grazie ai cellulari abbiamo sempre in tasca un concentrato di scienza e matematica, una finestra aperta sulle news del mondo ma anche una piccola "trappola" perdi tempo. In più siamo sempre alla ricerca dell'ultimo modello, per sottolineare il nostro status sociale o per rincorrere prestazioni eccessive.

È importante anche in questo ambito, come per la moda, prestare attenzione a cosa si compra e alla frequenza con cui si cambia device.

Il riciclo rimane sempre la scelta migliore, investite quindi un po' di tempo nel cercare di vendere (magari a parenti e amici) il vostro vecchio telefonino. Ci guadagnerete voi e ci guadagnerà il mondo.

31.

Ogni iPhone 12 prodotto da Apple immette nell'ambiente ben 70 kg di CO_2 in fase di produzione e di assemblaggio della componentistica elettronica. Nonostante l'assenza di cuffiette e caricatore pensata per abbattere le emissioni purtroppo questo modello non riesce a generare meno CO_2 del suo predecessore, l'iPhone 11.

32.

La produzione di una console da gioco, emette 140 kg di CO_2, pari all'ipotetica emissione di un'aspirapolvere in funzione 2 ore al giorno per oltre 5 mesi.

33.

La produzione di un PC emette nell'atmosfera 1015 Kg CO2, come due auto che percorrono circa 3.200 km!

34.

La produzione di un NOTEBOOK emette nell'atmosfera 250 Kg CO2: come 4 voli Milano-Roma.

35.

La produzione di un TABLET invece, emette nell'atmosfera 83 Kg CO2 circa quanto una caldaia a metano per 220 docce!

36.

La produzione di un televisore LCD 34" emette nell'atmosfera 750 Kg CO2, come una lampadina media accesa per 2 anni consecutivi.

37.

La produzione di uno smartphone Android

emette nell'atmosfera in media 57 Kg CO2.

38.

La creazione della copia fisica di un videogame costa in termini di emissioni circa 39 grammi di CO2, una cifra di per sé esigua, ma se letta in chiave totale spaventa. Basti pensare che il solo titolo "GTA V" è stato prodotto e venduto in oltre 140 milioni di copie. Provate a fare il calcolo…

39.

La produzione di un dispositivo Kindle disperde nell'aria 170 kg di diossido di carbonio.

40.

Questo punto è per chi proprio non riesce a fare a meno dello smartphone di ultima generazione. Se tutti "allungassero la vita" dei loro smartphone e altri dispositivi elettronici di un solo anno, il risparmio di CO2 nell'aria sarebbe incredibile. Questo comportamento virtuoso infatti (all'interno della sola UE) consentirebbe di evitare l'emissione di 4 milioni di tonnellate di CO2 annue per i prossimi 10 anni! Sarebbe come togliere 2 MILIONI di automobili dalle strade per un anno intero.

VI

AL LAVORO

Il lavoro è già di per sé il tallone d'Achille di gran parte delle persone e quindi non abbiamo voluto infierire ulteriormente, ma non potevamo esimerci dal dare almeno un paio di dati...

Leggeteli quindi con leggerezza, nel caso siate in buoni rapporti con il vostro capo o datore di lavoro, informatelo a riguardo e cercate di usare Google per ricerche intelligenti!

41.

Per alimentare un server interno installato in un'azienda con 50 dipendenti, occorrono fino a 175 kWh all'anno, con una produzione di gas serra pari a 103 kg in

 dodici mesi.

42.

Ogni ricerca su Google produce 10 grammi di anidride carbonica. Considerando che il colosso elabora circa 47.000 richieste al secondo, vuol dire che il motore di ricerca produce 500 kg di CO_2 AL MINUTO.

VII

MANGIANDO

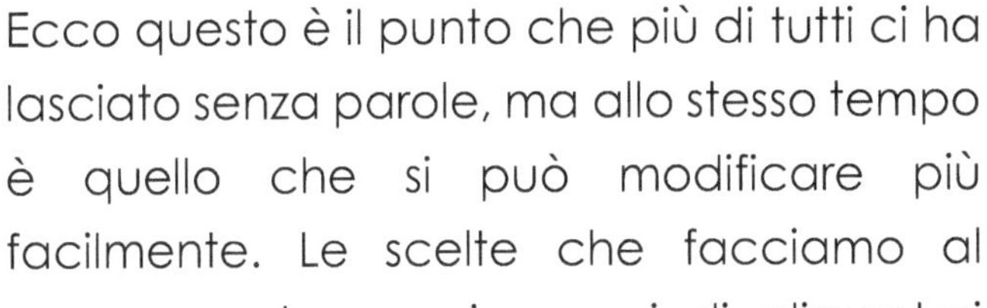

Ecco questo è il punto che più di tutti ci ha lasciato senza parole, ma allo stesso tempo è quello che si può modificare più facilmente. Le scelte che facciamo al supermercato o nei negozi di alimentari possono fare DAVVERO la differenza.

Si parte dal tipo di dieta (onnivora, vegetariana o vegana) e si arriva al tipo di prodotto consumato all'interno della stessa. Un regime alimentare onnivoro è circa 30 volte più inquinante rispetto agli altri. La dieta vegetariana è infatti molto più green ma bisogna comunque fare le dovute precisazioni.

Frutta e verdura fuori stagione, proveniente quindi dall'altra parte del mondo, portano con sé kili e kili di anidride carbonica dispersa nell'aria. Spesso si arriva ad immettere nell'atmosfera 15kg di CO_2 per ogni singolo kilo di cibo.

Un altro punto importante poi è il dispendio di risorse idriche per la coltivazione di alimenti o l'allevamento degli animali. Si pensi che servono 1000 litri di acqua per produrre una sola tavoletta di cioccolato o 15.000 litri per produrre 1kg di carne di manzo.

43.

Una dieta che includa manzo e agnello inquina per 73kg di CO_2 a settimana. Una dieta che includa coniglio o anatra taglia le nostre emissioni da 73 kg a 32Kg. Una dieta vegetariana limita tantissimo le emissioni portandole a 3,2 kg a settimana.

44.

La produzione di 1 Kg di carne di maiale produce 12,1 Kg di CO2 contro circa 900 grammi necessari per produrre 1 Kg di lenticchie.

45.

La produzione di 1 Kg di carne di agnello costa all'ambiente 39,2 kg di CO2 – come un viaggio in auto di circa 160 km.

46.

Per mettere un semplice hamburger di manzo in tavola si producono ben 2,5 Kg di anidride carbonica, e si consumano oltre 2400 litri di acqua e sono necessari 18 m2 di superficie terrestre.

47.

A proposito di acqua per produrre 1 kg di carne bovina ne occorrono circa 15.000 litri, il che corrisponde più o meno a 110 vasche da bagno piene. Questo significa che per produrre una bistecca di manzo si consumano quasi 5000 litri di acqua. Per 1 kg di carne di maiale ne servono invece 6000 litri.

48.

Se si parla di alimentazione la carne non è il solo "colpevole": un altro cibo infatti incide per il 25-30% delle emissioni totali per colpa del disboscamento che deriva dalla sua coltivazione. Incredibile ma vero, si tratta della soia. Prodotta principalmente nei paesi dell'America Latina come l'Argentina, la prassi utilizzata per la sua crescita ha portato alla deforestazione di grandi aree verdi.

49.

Un altro colpevole inaspettato di inquinamento massivo è il riso. È infatti esso stesso un potente produttore di gas metano, che libera nell'aria quando si decompone nelle risaie. Nel mondo si stima che la coltivazione di riso ogni anno sia responsabile della produzione di 50/100 MILIONI di tonnellate di metano.

50.

La coltivazione di 1 kg di CILIEGIE DEL CILE consuma 6,93 kg di petrolio e produce 21,55 kg di CO2. Se pensate che questo punto non vi riguardi perché comprate frutta a kilometro zero provate a controllare le marmellate che avete nella dispensa...

Per chi invece acquista frutta e verdura distrattamente al supermercato o nei negozi di alimentari consigliamo di chiederne sempre la provenienza. È infatti nella fase di trasporto verso l'Italia e gli altri paesi che si gioca gran parte della percentuale di inquinamento.

51.

Per far arrivare a noi 1 kg di MIRTILLI

DELL'ARGENTINA si consumano 6,47 kg di petrolio e si producono 20,13 kg di CO2.

52.

Per 1kg di ASPARAGI DEL PERU' 6,28 kg di petrolio e 19,54 kg di CO2.

53.

Per 1kg di ANGURIA DEL BRASILE 5,33 kg di petrolio e 16,56 kg di Co2.

54.

Per 1 kg di MELONI DI GUADALUPE 4,52 kg di petrolio e 14,05 kg di CO2.

55.

Per 1kg di MELOGRANI DI ISRAELE 1,30 kg di petrolio e 4,05 kg di CO2.

56.

Per 1kg di FAGIOLINI DELL'EGITTO 1,23 kg

di petrolio e 3,84 kg di CO2.

57.

Per 1kg di NOCI DELLA CALIFORNIA 6,08 kg di petrolio e 18,90 kg di CO2.

58.

Per 1kg di MORE DEL MESSICO 5,88 Kg di petrolio e 18,30 kg di CO2.

59.

La coltivazione dell'olio di palma è colpevole della distruzione di interni ecosistemi e foreste. Questa situazione è stata denunciata più volte da Greenpeace ma senza grandi risultati purtroppo. Per insediare la coltivazione dell'olio di palma spesso la procedura seguita è quella di dare fuoco a centinaia di ettari di foresta (indonesiana soprattutto). Il problema è enorme, anche perché grazie al suo costo irrisorio, questo prodotto viene utilizzato per la produzione delle cose più disparate, dai cosmetici alla pasticceria passando per carburanti come il biodisel.

60.

Le bacchette di legno usa e getta per il Sushi causano la deforestazione di estese aree verdi in Aisa. Quasi 4 milioni di alberi vengono abbattuti ogni anno per produrre più di 55 miliardi di pacchetti di bacchette usa e getta. Senza contare che durante il ciclo produttivo vengono utilizzate anche sostanze chimiche, che disperse nell'ambiente in grandi quantità possono causare diversi disturbi anche all'uomo, tra cui malattie respiratorie.

61.

La "tanto amata" Coca-Cola durante tutto il ciclo produttivo, cioè dalla coltivazione della canna da zucchero alla creazione della bottiglietta di plastica, necessita dai 340 ai 620 litri di acqua per 1 solo litro di bevanda. Inoltre insieme alle 'Big 10', le aziende che producono cibi e bevande a livello mondiale, Coca Cola emette più gas serra di Finlandia, Svezia, Danimarca e Norvegia messe insieme, per un totale annuo pari a 263,7 MILIONI di tonnellate di gas serra.

Questo dato è davvero inquietante se si pensa che equivale a un quarto di tutta la CO2 prodotta nel mondo.

62.

La CO2 non è il solo danno arrecato all'ambiente durante la produzione di cibo, le risorse idriche infatti sono seriamente intaccate da tutti i processi produttivi riguardante la filiera alimentare, basti pensare che servono circa 1.000 litri d'acqua per produrre una sola barretta di cioccolato. Chi l'avrebbe detto che ce ne volesse così tanta per così poco.

63.

La produzione di 1Kg di caffè emette nell'atmosfera un corrispettivo di 10 kg di CO2, che in un anno si traducono in 4 MILIONI di tonnellate circa. Per un solo Kg si usano infatti 4 metri cubi di acqua e 17 kg di materiali abiotici (sedimenti, rocce, etc.).

64.

Per permetterti di bere un bicchiere di latte bovino, si emettono nell'atmosfera 600 grammi di CO2, si utilizzano 1,6 metri quadrati di suolo e si usano più di 120 litri di acqua. Per un solo bicchiere!

65.

Per permetterti di bere un bicchiere di latte di soia, si emettono nell'atmosfera 300 grammi di CO2, si utilizzano 0,2 metri quadrati di suolo e si consumano più di 10 litri di acqua.

VIII

CON I VIZI

I vizi per loro definizione sono una cosa superflua e dannosa ma anche appagante e che ha sempre fatto parte della vita degli esseri umani. Smettere con certe abitudini sarebbe utile non solo per noi stessi ma anche per l'ambiente.

Non abbiamo voluto soffermarci molto perché "il vizio" è tra le cose più difficili da estirpare ma conoscere qualche curiosità in più potrebbe darvi una spinta ulteriore per un cambio repentino, non si sa mai...

66.

Nello stesso lasso di tempo un locomotore

produce circa 3.500 microgrammi/metro cubo di Pm10 e una sigaretta 717 microgrammi/metro cubo.

67.

Negli ultimi 20 anni soltanto nella zona delle Ande, si calcola siano stati abbattuti 2 MILIONI e 400 mila ettari di foreste per far posto alle piantagioni di cocaina. Non serve un genio per capire che meno alberi significano più CO_2 nell'aria.

68.

Sorseggiare un solo bicchiere di vino in Gran Bretagna, equivale in media a compiere un viaggio in macchina di circa 5Km.

69.

Si consumano 6000 miliardi di sigarette l'anno che inquinano per ben 84 MILIONI di tonnellate di CO_2. Per produrle servono ben 22 MILIARDI di litri di acqua.

IX

CON I MATERIALI CHE USI

Dobbiamo fare nostra l'idea che per ogni oggetto che compriamo di cui crediamo di avere bisogno c'è un prezzo da pagare in termini ambientali. Basti pensare all'inquinamento che generano i combustibili o la creazione di una batteria al litio per un'auto elettrica.

È importante informarsi per non prendere cantonate, per quanto riguarda la mobilità elettrica per esempio ci sono tante cose che non sappiamo. Credere che sia una soluzione green non è corretto.

Per creare la batteria di una sola Tesla Model S 100KW per esempio, si sprigionano nell'aria 17.5 tonnellate di CO_2. Un quantitativo spaventoso che assurdamente equivale a quello che un'auto non elettrica produrrebbe percorrendo la bellezza di 150.000 km

70.

IL LITIO

Il litio proviene da fonti rocciose e comporta una media di 9 tonnellate di CO_2 per ogni tonnellata di carbonato di litio raffinato (Lce).

71.

LA PLASTICA

Solo nel 2019 la sua produzione, l'incenerimento e lo smaltimento, hanno disperso nell'atmosfera più di 850 milioni di tonnellate di CO_2.

X

VESTENDOTI

Sono da attribuire a questo settore il 20% dello spreco globale di acqua e il 10% delle emissioni di anidride carbonica nonché la produzione di più gas serra rispetto a tutti gli spostamenti navali e aerei del mondo.

Inoltre le coltivazioni di cotone sono responsabili per il 24% dell'uso di insetticidi e per l'11% dell'uso di pesticidi contribuendo a fare del settore tessile il più inquinante dopo quello Oil&Gas.

Sempre secondo le Nazioni Unite l'85% dei vestiti prodotti finisce in discarica e solo l'1% viene riciclato. Un dato che diventa ancora più significativo se si considera che rispetto al 2000 il consumatore medio oggi acquista il 60% di abbigliamento in più.

72.

Per produrre 1kg di fibre di cotone sono necessari 10.000 litri di acqua, se guardiamo anche solo due paesi tra i maggiori produttori tessili mondiali , India e Cina, scopriamo che vengono utilizzati 120 miliardi di litri di acqua all'anno.

73.

La produzione di una T-SHIRT emette nell'atmosfera 6 Kg CO2.

74.

Per produrre un singolo paio di pantaloni servono almeno 7500 litri d'acqua.

XI

CURANDO IL TUO CORPO

L'industria della bellezza crea miliardi di imballaggi non riciclabili. Zero Waste Week afferma che solo nel 2018, ha registrato circa 120 MILIARDI di involucri in materiale plastico ad alto impatto ambientale.

75.

Alcuni tra i più diffusi dentifrici ed eye-liner contengono polietileni, cioè le microplastiche più diffuse, che finiscono direttamente negli Oceani creando una catena infinita di problematiche che non si riducono al solo inquinamento dell'acqua.

76.

Anche la maggior parte dei fondotinta, rossetti, deodoranti e shampoo hanno al loro interno i silossani, molecole che si disperdono con molta facilità nell'aria perché altamente volatili.

Da un'analisi è emerso che al mattino nelle città c'è un picco di emissioni di D5, proprio il silossano presente in moltissimi prodotti di bellezza che dal corpo evapora nell'atmosfera. In quel momento della giornata, quando le persone escono di casa per recarsi al lavoro, i ricercatori hanno addirittura notato che le emissioni di D5 sono equivalenti a quelle del benzene emesso dal gas di scarico delle macchine. Incredibile ma vero!

Il silossano D5 porterebbe inoltre all'insorgenza di tumori, mentre il silossano D4 rappresenterebbe una minaccia per gli ecosistemi acquatici con ripercussioni anche sulla fertilità femminile.

77.

Secondo Jérôme Labille, uno dei ricercatori a capo dello studio presentato alla conferenza Goldschmidt di geochimica a Boston, con una spiaggia ospitante circa 3000 persone al giorno si depositano nell'ambiente ogni giorno fino a 68 kg di crema solare.Il Problema sta nel fatto che metà delle creme solari contiene oltre il 5% di TiO_2 (biossido di titanio).

Questo agente chimico è altamente tossico per moltissime specie di pesci e organismi acquatici, e calcolando appena le 3000 persone citate avremmo 1,7 kg di questo elemento rilasciato nell'ambiente ogni giorno, equivalenti a circa 54 kg in due mesi per una spiaggia con sole 3000 persone, vi rendete conto?

XII

TIPS SEMPRE UTILI CHE TI AIUTERANNO AD INQUINARE MENO!

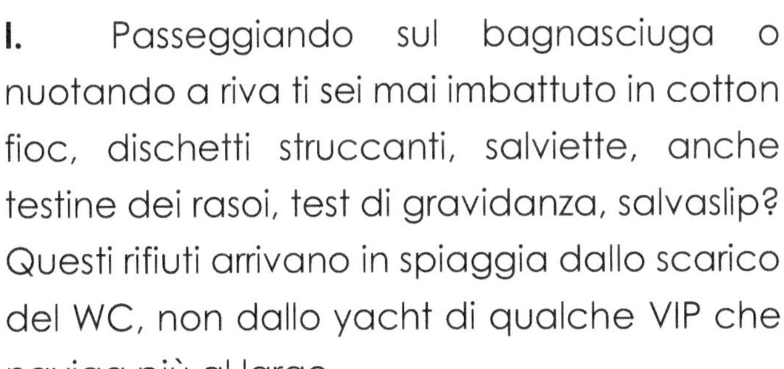

I. Passeggiando sul bagnasciuga o nuotando a riva ti sei mai imbattuto in cotton fioc, dischetti struccanti, salviette, anche testine dei rasoi, test di gravidanza, salvaslip? Questi rifiuti arrivano in spiaggia dallo scarico del WC, non dallo yacht di qualche VIP che naviga più al largo.

II. Anche le salviette struccanti biodegradabili ci mettono settimane prima di dissolversi e potrebbero arrivare a riva ben prima di scomparire. I fazzoletti da naso e la carta da casa contengono delle fibre non biodegradabili che li rendono più resistenti e rischiano di intasare il water, oltre a inquinare. Ricordatevi sembre di non gettare i rifiuti nel WC!

III. Lavare i piatti a mano consuma molta più acqua della lavastoviglie: quelle moderne in classe A++ con circa 7 litri lavano fino a 12 coperti. Nel caso vogliate procedere a mano è buona abitudine lasciare i piatti in ammollo in poca acqua saponata, utilizzando un detergente per i piatti non schiumogeno e green: sciacquali poi in una bacinella di acqua pulita anziché sotto l'acqua corrente.

IV. Nel 2015, l'industria della moda ha prodotto 100 miliardi di capi per 7 miliardi di persone, causando un'eccedenza di articoli del valore di 4,3 miliardi di dollari. Molto spesso l'invenduto viene bruciato, provocando emissioni di anidride carbonica per 1,35 tonnellate per megawattora, più della combustione del carbone e del gas naturale. Tira fuori dall'armadio ogni cosa interessante di tua mamma, nonna, padre, zio e fai del sano VINTAGE mood.

V. Stacca la spina da ogni cosa che non usi, o usa spine intelligenti. La macchina del caffè, che per funzionare rimane in preriscaldamento ogni giorno almeno un'ora, costa 100 watt/h, per un totale di circa 5 euro all'anno. Se la macchinetta rimane senza fare caffè per diverso tempo sarebbe più opportuno scollegarla dalla presa perché è in grado di consumare più di 1 watt all'ora quando non è in funzione. Un dispositivo con schermo LCD, lasciato collegato alla corrente elettrica una volta spento, consuma 1,13 W/h.

VI. Per la casa preferisci un telefono fisso. Un cordless rimane sempre acceso e consuma fino a 2,9W all'ora; sarebbe buona norma staccarlo del tutto se non altro quando ci si allontana da casa per parecchie ore, per i viaggi lunghi è obbligatorio!

VII. La ricarica dello smartphone. Alzi la mano chi carica il proprio device prima di andare a letto. E cosa ci sarebbe di sbagliato? Il problema esiste eccome, infatti anche da carico, il cellulare continua ad assorbire energia, tanta energia. Per questo motivo sarebbe più giusto metterlo in carica durante le ore del giorno, quando si può vigilarlo e staccarlo dal caricabatteria appena raggiunto il 100%.

VIII. Uno degli impatti maggiori che abbiamo sull'ambiente è il posto in cui viviamo. Per "posto" intendiamo proprio le nostre mura domestiche. Ebbene sì tra riscaldamento ed energia elettrica la nostra abitazione è il fattore più inquinante della giornata, ma ci sono anche buone notizie. Possiamo cambiare tutto semplicemente con una telefonata.

Ogni fornitore di energia elettrica ha infatti tra le sue offerte una possibilità a impatto zero, ossia da fonti rinnovabili.

Senza cambiare abitudini o rinunciare a nulla, vi basterà contattare il servizio clienti e richiedere che la vostra casa sia servita solo da energia prodotta da fonti rinnovabili.

IX.   Ognuno di noi può inoltre sapere quanto inquina per ogni azione che fa durante la sua giornata, per le sue abitudini e per il suo stile di vita in generale. Ci sono siti che ti fanno la stima di quanta CO_2 stai immettendo nell'ambiente, uno fra tutti è quello del WWF: **footprint.wwf.org.uk** uno strumento molto utile per capire in che termini ognuno di noi è responsabile e può migliorarsi.

RENDIAMO QUESTO LIBRO ATTIVO!

Come ben sappiamo la natura ci offre sempre una soluzione, nella sua infinita genialità ha sempre la risposta ad ogni problema. La maggior parte delle volte però non esiste una risposta giusta per chi non vuole sentire. Nel nostro caso, prendendo in esame questo libro e il suo contenuto, si parla di inquinamento.

Per inquinamento si intende tutto ciò che a prescindere dal potenziale innalzamento delle temperature, è dannoso per l'ambiente e quindi anche per l'essere umano.

Basti pensare a causa dell'inquinamento in Europa muoiono ogni anno più di 400.000 mila persone, di cui purtroppo 100.000

solamente in Italia (secondo Air Quality in Europe dell'Agenzia europea dell'ambiente). Abbiamo però iniziato questo capitolo parlando di bellezza e soluzioni naturali.

Cosa c'è di più bello di un albero, un grande albero pieno di foglie verdi, simbolo di vita per antonomasia. Oltre alla loro bellezza estetica gli alberi riescono in qualcosa di unico, trasformare l'anidride carbonica in ossigeno. Un'azione che per loro non è assolutamente tossica, ma anzi vitale.

Ma allora per ridurre l'inquinamento dell'aria basta piantare milioni di alberi direte voi? Certo! Molto semplice vero? Peccato che le cose nel mondo stiano andando nel senso opposto. Dal 1970 ad oggi abbiamo perso più di 800.000 km quadrati di macchia verde. E se non riuscite a rendervi conto della grandezza, beh pensate a Francia, Germania, e Grecia messe insieme, e ancora non avrete raggiunto quel numero abnorme.

Con questo libro abbiamo la possibilità di fare davvero grandi cose insieme.

Tutti noi possiamo calcolare la nostra impronta di CO2 su questo pianeta. Non è così facile però porvi rimedio piantando alberi per compensare, non tutti hanno un terreno, soprattutto chi vive nelle grandi città. Qualcosa però si può fare, qualcosa di davvero impattante... un ennesimo step verso il cambiamento.

La tecnologia in questo caso ci viene in aiuto, ed è così che progetti come **Treedom.net** riescono in qualcosa di incredibile.

Questa è l'epoca dove ogni azione che facciamo ha un impatto, dove la tecnologia si è evoluta così tanto da aver oltrepassato le leggi naturali ma questa è la dimostrazione che se usata nel modo corretto può aiutarci a fare grandi cose per ristabilire gli equilibri nel mondo.

Accedendo al portale infatti si possono piantare alberi in giro per il globo. La cosa geniale è che viene specificato quanta CO2 ogni tipo di albero assimili all'anno.

Così calcolando quanto si inquina (IX) si riuscirà a capire come procedere per arrivare all'impronta zero.

Facile no? Noi abbiamo fatto questo procedimento per abbattere l'inquinamento derivante dalla creazione di questo libro.

Calcolando una media di 3kg di CO2 per ogni libro (tra cartaceo/kindle/audiolibro) per ogni 15 libri venduti pianteremo un profumatissimo arancio.

Questa è la nostra idea per rendere attivo al 100% questo libro.

Abbiamo condiviso con voi la scoperta di questi 77 modi in cui inquiniamo inconsapevolmente per potervi permettere di cambiare e pianteremo alberi per poter cambiare l'aria che respiriamo.

Abbiamo aperto anche un profilo Instagram @Settanta7Modi dove regolarmente porteremo avanti la nostra campagna di sensibilizzazione e dove potrete mandarci le foto di voi con il nostro libro.

Vi ripubblicheremo ed entrerete cosi a far parte di questa grande famiglia. Inoltre troverete tutte le informazioni inerenti gli alberi piantati, e potrete tenere traccia del cambiamento a cui anche voi avete contribuito acquistando il libro.

Creeremo una grande foresta insieme e chissà che magari un giorno non andremo insieme anche a vederla con i nostri occhi...

Dal digitale al reale in un istante!

Virtuale ma Tangibile:

questa è la nostra idea di RIVOLUZIONE!

Fonti

01. Agenzia francese per l'ambiente

02. Analisi di The Shift Project

03. Dati diffusi da Google

04. Alex Wissner-Gross, fisico dell'Università di Harward

05. Studio Commissione Ue

06/07. Studio Quattroruote.it

08. Airlines.net

09. Ecopassenger.org

10. Naturalia Blog

11 / 12. General Electric by David McCandless

13/14/15/16/17/18/19/20 Commissione Europea (LaRepubblica.it)

21/22/. Rete Clima.it

23. Studio Vivavda

24. Analisi di The Shift Project

25. Money.it

26. Washington Post

27. Rete Clima.it

28/29/30. General Electric by David McCandless

31. Studio Assessing ICT global emissions footprint a firma McMaster University,

32/33/34/35/36. Rete Clima.it

37. Tom's Hardware.it

38. Rete Clima.it

39. Ansa.it

40. Washington Post

41. Studio Karma Metrix

42. Secondo Joana Moll

43/44/45/46/47. Fonte Onu / FAO

48 e 49. Summit Onu sul clima a Parigi del 2011

50/58. Studio Coldiretti per la Giornata Mondiale dell'Ambiente al Mandela Forum di Firenze.

59. Dissapore.com

60. GreenPeace

61. Rapporto dell'Organizzazione Internazionale Oxam

62. studio pubblicato su Science Direct, coordinato da Adisa Azapagic

63. Studio "Market trasformation" del Wwf e del Sustainable Europe Research Institute.

64/65. Studi Scientifici dell'Università di Oxford

66. European Respiratory Journal' (FOCUS)

67. Focus

68. Oggiscienza.it

69. Rapporto dell'Imperial College di Londra

70. Rapporto prodotto dal Center for International Environmental Law

71. Focus.it

72. Studio WWF

73: Rete Clima.it

74. Rapporto delle Nazioni Unite

75/76. Studio Polish Journal of Environmental Studies | focus.it

77. Jérôme Labille - studio presentato alla conferenza Goldschmidt di geochimica a Boston

Fonti Tips

I, II, COSMOPOLITAN

XI Neutralize.it calcolo inquinamento individuale